Oxygène

Susie Morgenstern

Une mère, comment ça aime ?

Illustrations de Theresa Bronn

De La Martinière
Jeunesse

Pour mes deux filles, Aliyah et Mayah,
mères à leur tour, qui m'ont tout appris.

Et pour Yona, Noam et Emma, qui m'enseignent l'art
de la grand-maternité, toute une autre histoire.

Le mot « maman » dans toutes les langues :

mutter (en allemand)
maji (en hindi)
ammee (en urdu)
mom, mommy, mother (en anglais)
madre (en italien)
mäe (en portugais)
mëmë (en albanais)
matka (en biélorusse)
molder, moer (en néerlandais)
màna (en grec)
ima (en hébreu)

Je demande : « Mère, pourquoi es-tu ainsi décharnée ?
Ta chair, où s'en est-elle allée ?
– Ma chair, je l'ai donnée à mon enfant. »

Je demande : « Mère, pourquoi tes cheveux sont-ils d'argent ?
– Je les ai donnés
Pour que la tête de mon enfant soit jeune. »

Je demande : « Mère, où sont tes joues roses ?
– Sur les joues de mon enfant, couleur de fraîcheur.

– Ô mère, mère, pourquoi es-tu si triste ?
– Je pense à mon enfant sans répit ;
J'en oublie ma tristesse.
Chaque minute, chaque heure me réjouit,
Car en toi je me rajeunis. »

Khuong Huu Dung

L'école de la mère

Chère université d'été
pour préparer les jeunes filles à devenir mère,

Je vous demande par cette lettre de m'admettre à vos cours pour apprendre à faire mieux que ma propre mère. Bien que je n'aie que 14 ans, je pense qu'il est temps de commencer la préparation à cette lourde tache car je me rappelle encore aujourd'hui que ma mère ne salait pas assez ma soupe, faisait couler trop vite le biberon et ne fermait pas tous les boutons-pression de mon pyjama. Elle avait le culot de rire quand je tombais lors de mes premiers pas. Ça n'était que le début ! Maintenant, elle refuse de faire des ourlets à mes pantalons avec son habituel « Débrouille-toi ! » et son idée d'un dîner pour une adolescente en pleine croissance est une pizza surgelée. Si elle avait suivi votre cours, je ne serais pas devenue aussi tordue.

En espérant que vous prendrez ma demande en considération, j'attends votre réponse.

Laetitia

Il n'y a pas de diplôme pour devenir mère, c'est juste une formation sans fin. Et même si tu ne le sais pas, dans cette matière, le professeur... c'est toi. C'est toi qui as appris à ta mère à être enceinte, à accoucher, à nourrir ce bébé dont elle a dû subitement assumer la responsabilité urgente et immédiate.

Il n'y a pas de cours à l'université pour apprendre à changer des couches, donner le bain, faire la purée de légumes. Et personne au monde ne lui a jamais donné la méthode pour se lever à 2 heures, 3 heures, 4 heures du matin et ainsi de suite, sauf toi. Bravo !

C'est toi aussi qui l'as entraînée à te porter d'un bras en montant les étages avec le cabas du marché de l'autre. Tu l'as poussée à trouver un système pour te consoler quand tes premiers pas menaient à des bleus et des bosses, et à te soigner quand tu avais une otite et des diarrhées. Il y a des choses qu'elle a héritées de sa mère ou acquises en observant les autres, et certaines tâches qu'elle apprend sur le tas, par nécessité. Dans la vie, on fait ce que l'on doit faire.

C'est encore toi qui l'as initiée à cette langue étrange qui consiste à déverser avec enthousiasme des syllabes telles que « gaga gogo boo boo coucou ». Mais c'est elle qui a débordé de joie quand tu as dit pour la première fois « maman ». Elle l'a bien mérité.

Tu lui as appris à t'accompagner pendant toute ton enfance, de la maternelle au CM 2, et voilà que tu arrives au collège visiblement en bon état de marche.

Sois patient, sois pédagogue, sois indulgent ! Tout le monde n'est pas forcément doué du premier coup.

Et qui, si ce n'est toi, va lui apprendre à vivre et à survivre à ton adolescence ?

Mère Follamour

Ma mère vérifie si je respire la nuit. Elle a insisté pour que je lui téléphone du collège tous les jours à la même heure, et je vous assure qu'elle est assise quasiment sur le téléphone, car elle répond avant que ça sonne. Un jour que le prof nous a fait sortir plus tard, au son de ma voix, elle a poussé un soupir avec un « Mon Dieu, où étais-tu ? » Son angoisse me suit partout. Elle a peur que je ne m'étouffe à la cantine ou que je ne m'empoisonne si je sors avec des copains à un fast. L'expression sur son visage est un mélange de préoccupation et de terreur au point de me faire croire que je vais croiser un tueur en série dans les cinq prochaines minutes.

Jim

Tu l'as recrutée pour être ta pom-pom girl personnelle, ta plus grande fan, ton supporteur pour la vie. Tu sais que tu peux compter sur son soutien inconditionnel. Mais ta mère a également le pouvoir de t'énerver plus que toute autre personne au monde. Son ampli est capable de répéter d'une façon incontrôlable des ordres insensés tels que : « Tiens-toi droit », « Coiffe-toi », « Range ta chambre. » Ou des questions superflues : « As-tu fait tes devoirs ? » ou « Comment s'est passée ta journée ? » Le soir, quand tu rentres du collège, elle t'accueille comme si elle ne t'avait pas vu depuis le siècle dernier, alors que tu es simplement parti le matin, comme d'habitude.

Elle te regarde comme si tu étais le prince d'Angleterre pendant que tu croques bruyamment les gâteaux de ton goûter.

Parfois, tu en arrives franchement à douter de sa bonne santé mentale ! Tu te demandes si ta mère n'est pas un peu folle. Pas folle dans le sens clinique, mais folle comme on dit de quelqu'un qu'il est fou amoureux : elle a une photo de toi bébé sur son portable ou sur le fond de son écran d'ordinateur. Elle a gardé tes dents de lait et tes cahiers de maternelle. Elle t'achète une chemise à froufrous digne du CP ou des chaussettes couvertes de cœurs. Elle s'arrête de respirer quand tu passes une interro. Elle vient te chercher au portail du collège avec des choux à la crème et un sourire de clown. À ce moment-là, tu aimerais disparaître sous terre plutôt que d'être vu par tes copains avec cet énergumène.

Oui, ta mère, tu as des doutes sur ses comportements bizarroïdes. Ta mère t'embarrasse ? Tu trouves qu'elle en fait trop ou pas assez ?

Mais, au fond, la connais-tu vraiment ?

Carte d'identité de ta mère

1. Nom de jeune fille Humbert ....
2. Prénom ..Natacha...........................
3. Date de naissance ..16/03/1973..................
4. Lieu de naissance ...Lyon 2.............
5. A-t-elle des frères et sœurs ? .Oui............

....

6. Couleur des yeux ..Marron..............
7. Taille .1,60 m..................................
8. Poids 60 Km....................................
9. Comment était-elle à ton âge ? ....

....

10. Comment est-elle avec sa propre mère ? ....

....

....

11. Quelle est la pire bêtise qu'elle ait jamais faite ? ....

....

12. Rêve-t-elle de quelque chose d'incroyable ? ....

....

....

13. Quelle était sa matière préférée à l'école ? ……

……

14. Quel est son métier ? Paysagiste

……

15. À quoi passe-t-elle ses journées ? A travailler

……

……

16. A-t-elle des complexes ? ……

……

17. Quelle musique aime-t-elle ? Pop-Rock, dance

……

18. Quel genre de films apprécie-t-elle ? Fantastique

……

19. Quel type de livres aime-t-elle lire ? ……

……

20. Qu'est-ce que ses copines disent d'elle ? ……

……

21. Comment a-t-elle rencontré ton père ? ……

……

22. Quelle est sa définition de l'amour ? ……

……

23. Quel est son refrain préféré ? ……

……

24. Quel est son pire gros mot ? Putin de ta race

25. Que chantonne-t-elle sous la douche ? ....

Rien

26. Quelle est sa recette préférée ? ....

27. Quel est son plus grand plaisir ? ....

28. Quelle est sa plus terrible corvée ? ....

29. Qu'est-ce qui l'énerve le plus ? ....

....

30. Quelles sont ses tendances politiques ? ....

....

31. Qui est son idole ? Katy Perry

32. Quel serait le cadeau parfait pour elle ? ....

....

33. Quel est son cauchemar ? ....

....

34. Que t'a-t-elle transmis ? Les alergies

....

35. Que se reproche-t-elle ? ....

....

36. Que te reproche-t-elle ? ....

37. Quelle est la chose la plus méchante qu'elle ait jamais faite ? ....

....

38. Penses-tu qu'elle a un secret ?

39. Penses-tu qu'elle a un grand problème ?

40. Quelle est sa plus haute ambition ?

41. Quelle est sa plus grande force ?

42. Quelle est sa plus grande faiblesse ?

43. Qui sont ses ennemis ?

44. Quel est son meilleur moment dans la journée ?

45. Quelle est l'histoire de son enfance qu'elle aime raconter ?

Elle n'aime pas raconter les histoires de son enfance.

46. Que dit-elle sur sa grossesse et sur son accouchement ?

47. Quelle histoire aime-t-elle raconter sur toi ?

Demande aussi à ta mère de répondre exactement aux mêmes questions sur toi (sauf les deux dernières) !

Mère à tout faire

Ma mère ne s'arrête jamais. Quand je lui parle, son visage est une feuille blanche sans expression et sa tête est ailleurs. Elle ne m'écoute pas. Le corps (dont les oreilles !) ne reste pas en place assez longtemps. Elle est toujours débordée, toujours occupée, toujours tourbillonnante. C'est une mère, ça ? J'aimerais qu'elle passe un moment avec moi, qu'on aille toutes les deux boire un chocolat chaud comme deux vieilles amies, qu'on regarde un bon film dans un cinéma, qu'on se promène en se tenant le bras.
Je suis plutôt une matière première à gérer et à transformer que son enfant à chérir.
Ne peut-elle pas faire ce qu'elle doit faire et aussi se concentrer un peu plus sur cette fille qu'elle a traînée dans ce monde ?

Chloé

Ta mère est un vrai PDG. Si elle ne travaille pas, il y a les courses, la cuisine, le rangement, le courrier, les factures... Même si ton père partage certaines tâches avec elle. Elle doit aussi gérer tes horaires et les rendez-vous chez le médecin, le dentiste, le kiné...

As-tu déjà essayé de te mettre à la place de ta mère ? Sais-tu combien de fichiers contient sa tête multitâche ? Innombrables ! Elle sait que tu as une interro de maths alors elle adresse une prière aux dieux des interros. Il y a aussi des prières pour les concours et même pour les boums, car rien ne la rend plus heureuse que ton bonheur.

Si, en plus, elle travaille, les choses se compliquent. En faisant une radiographie de son cerveau, tu verrais sans doute qu'il se divise ainsi : liste des dossiers qu'elle n'a pas eu le temps de finir au bureau, date de son rendez-vous chez le coiffeur, liste des anniversaires

de chaque membre de la famille et des amis, programme télé détaillé avec préférences de chacun, manuel d'éducation pour avoir un enfant poli, tâches ménagères à ne pas oublier (linge sale, repassage, dîner du soir...), déclaration de revenus à remplir, régime amaigrissant, mais aussi sensation récurrente que la vie est ailleurs, quelque part loin de cette maison et loin de toi.

Tu le sais : elle a beaucoup à faire dans une toute petite journée qui ne veut jamais faire plus de vingt-quatre heures. Si tu trouves qu'elle en fait vraiment trop, pourquoi ne pas lui dire : « Viens, ma petite maman. Assieds-toi ! Je veux une maman et pas un aspirateur, ni une machine à laver, encore moins un gestionnaire. Désormais, on inaugure un moment au cours de chaque journée simplement pour être ensemble. Oui, un moment rien que pour vous deux.

Il ne faut jamais renoncer à son éducation.

Si elle continue à t'énerver, à s'agiter dans tous les sens, demande-toi alors : « Mais pourquoi fait-elle tout cela ? » En réalité, elle pense que plus elle en fait et plus on l'aime. Elle court, elle remue, elle essaie de déplacer des montagnes, tout ça pour qu'on dise que c'est une femme formidable. Elle veut matérialiser son temps et sa vie, même si elle oublie parfois de la vivre.

Toute cette dépense d'énergie et de bonnes intentions pour devenir une mère parfaite ?

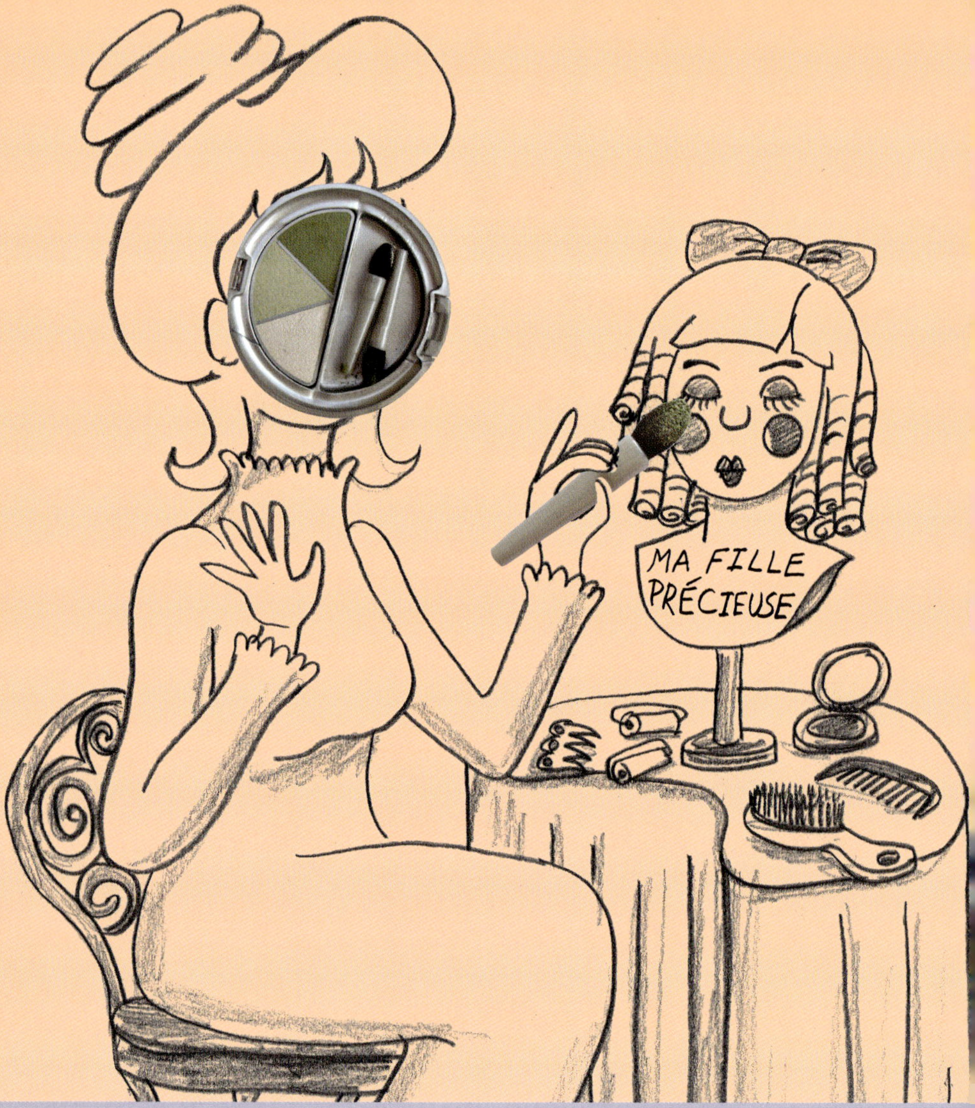

mère démodée

C'est simple, ma mère est classique et moi je suis fofolle. Elle me dit : « Tu ne sors pas de chez moi avec cette tenue ! » Je me change aussi vite. Je ne veux pas me disputer avec elle pendant cinq heures, alors je cède. Des fois, je prends un sac et je me change au collège ou chez une copine. Elle a horreur du noir. Si jamais elle me voit avec un pull noir et un pantalon aussi sombre, elle m'informe qu'elle n'est pas encore morte. Elle aimerait que je me coiffe en chignon de petit rat de l'opéra alors que je rêve d'une coupe complètement déstructurée. Je ne vois pas de quoi elle se mêle alors qu'il s'agit de mon corps, de mes amis, de mon monde. Elle déteste toujours la couleur de mon rouge à lèvres et elle trouve que tout est trop serré. Elle vit dans l'angoisse que je vais grossir et elle veille sur chaque miette qui entre dans ma bouche. Quand je me regarde dans le miroir, j'ai l'impression de me voir avec SES yeux.

Juliette

Enfant, elle t'habillait, elle te mettait des couches, des chaussettes, elle te laçait tes chaussures, elle t'achetait des salopettes ou des robes, elle te coiffait à son idée.

Toi, tu as grandi, mais son idée à elle reste la même. Elle souhaite gérer ton habillement. Tu te bats pour changer ses goûts, petit à petit, en expérimentant de nouvelles coiffures, de nouvelles façons de te vêtir, et elle le prend plutôt bien. Mais le jour où tu arrives avec des cheveux violets, un piercing au nombril, un tatouage aux fesses et du rouge à lèvres noir, elle n'est plus du tout contente.

Tu ne le sais peut-être pas, mais, pour toi, c'est une façon de construire ta personnalité, jouer avec ton corps, faire comme les autres. Ou le contraire des autres. Ton look est une proclamation, une déclaration, une révolution. Peut-être as-tu envie de provoquer une réaction, et souhaites-tu réveiller ton entourage en disant : « J'existe ! » Ton look est la première chose que l'on voit. On ne peut pas scruter ta beauté intérieure au premier coup d'œil. Mais n'est-on pas trop impatients ? Ne ferait-on pas mieux d'attendre le deuxième coup d'œil ? Le look est-il vraiment la seule façon de se distinguer et de se différencier ?

Ta mère, en tout cas, connaît ta beauté profonde ; te voir comme ça, c'est pour elle en quelque sorte un échec. C'est la mort de son influence et de son autorité sur toi, la perte de son pouvoir. Elle n'est plus qu'une sorcière sans potion magique. Elle ne peut l'accepter. C'est pourquoi elle persiste en t'achetant toujours des vêtements, même quand tu réagis avec violence.

Avant, quand elle faisait le tour d'inspection, elle rangeait une mèche rebelle, elle arrangeait ton col, elle lissait ton pantalon ou tirait sur ton ourlet. Tu étais son parfait petit BCBG, son image d'Épinal, son top modèle du TOP famille, son beau gosse. Maintenant, tu es un punk, un grunge, un rasta, une racaille, un rappeur, une lolita, une bimbo, un extraterrestre. Tu ne te conformes plus du tout à l'idée qu'elle s'est faite de toi. Son enfant est mutilé.

C'est un atterrissage catastrophe, un ballon crevé. Ce n'est pas facile de perdre ses illusions. Tu deviens l'assassin de l'idée qu'elle se faisait de toi. Tu l'as trahie.

Toi, tu es son rêve, son idéal. Elle te voudrait impeccable, immaculé, y compris derrière les oreilles.

Elle a veillé à ton hygiène, à ta nourriture, à ta santé. Elle a pris les rendez-vous chez le dermatologue pour ton acné. Tant que tu es sous son toit, n'a-t-elle pas le droit de s'opposer à ton look vampire ?

Imagine le contraire. Ta mère, habituellement en tailleur gris et chemise blanche, chaussures raisonnables, coiffure au carré, arrive comme un bolide dans une robe noire moulante et super décolletée, avec des yeux de Dracula, neuf boucles d'oreilles en plastique et des talons aiguilles qui ressemblent plutôt à des échasses. Comment vas-tu réagir ? Elle se défait de son image pour se mettre à te voler tes jeans et tes bustiers. Que vas-tu dire ? Ses cheveux se dressent en porc-épic grâce à ton gel. Es-tu content ?

Alors, elle, est-elle obligée d'approuver tes jeans qui descendent jusqu'à terre ou ton Wonderbra qui soulève tes seins jusqu'au ciel ? Doit-elle aimer ton string sous ta minijupe transparente ? N'a-t-elle pas le droit de préférer son enfant au naturel, sans produits chimiques qui endommagent la couche d'ozone ?

Il n'y a pas un moule à mères. Il y en a de toutes les tailles et de tous les points de vue. Il y a des religieuses pour qui il n'est pas question que tu sortes du cadre. Il y a des indifférentes ou des baba cool, blasées et imperméables à des transformations qui viennent trouer leur enfant. Peut-être ta mère pense-t-elle, après tout, que c'est ta peau et ton corps, et que c'est à toi de décider qu'en faire. Mais si tu as une mère permissive qui n'a pas peur du regard des voisins, qui t'autorise à être ton propre cobaye, contre qui pourras-tu alors te révolter ? Dans tes métamorphoses subites, il y a une part de révolte, une déclaration d'indépendance, un mouvement anticolonialiste. Tu es le drapeau d'une manifestation d'une personne contre une personne. Devine qui ?

C'est dur pour elle de constater ta mutation. À toi d'y aller avec douceur, lentement, comme l'évolution de l'homme. À toi de l'amener à accepter ton look. À elle de fixer les limites en te laissant suffisamment de liberté pour t'exprimer.

Ton look fait de toi quelqu'un d'autre et c'est le but.

Mère de qualité supérieure

Ma mère m'étouffe.
Il suffit que j'émette un désir – faire du sport, par exemple –, que je m'inscrive à une activité, et voilà que je retrouve ma mère dans le même cours. En plus, elle partage mon tapis. Tout le monde sait que c'est ma mère. Elle a déjà fait le coup en natation. Le prof n'arrivait pas à apprendre son prénom, alors il l'a toujours appelée « la maman de Denis ». Elle aimait bien, moi pas.
Un jour, chez un ami, elle m'a téléphoné sur mon portable : « Où es-tu ? » Je n'aurais pas dû, mais je le lui ai dit. Cinq minutes après, elle est venue s'incruster dans nos jeux.
Elle a quarante-quatre ans, moi quinze. Comment je peux lui dire qu'une mère est une mère et pas un copain de classe ?

Denis

Les mères ont beau en faire beaucoup, il arrive pourtant qu'elles soient défectueuses. Quand on pense à l'image de la mère parfaite, ou quand on regarde les mères dans les pubs, les magazines féminins, toutes lisses et coiffées et impeccables jusqu'aux ongles carrés, on se sent arnaqué. Floué sur la marchandise, parce qu'on n'a pas ce modèle-là. On rêverait d'une mère comme ça.

Mais les êtres réels sont TOUS imparfaits. Les mères aussi. Il y a des hystériques, des dépressives, des culpabilisantes, des sur-protectrices, des impassibles, des nécessiteuses, des boulimiques, des collantes, et même des froides et distantes. Mais, malheureusement, on ne peut pas divorcer de sa mère, ni la renvoyer à l'expéditeur. C'est TA mère et tu la gardes !

« Existent-ils, les parents capables de donner entière satisfaction à leurs enfants ? » demandait Anne Frank dans son *Journal*. L'entière satisfaction n'existe pas.

La vraie vie, celle qui est en chair et en os, en tripes et en viscères avec tous les nœuds dans les nerfs, est bourrée de complexité.

Ta mère aurait certainement voulu être parfaite : te lire Proust alors que tu étais encore dans son ventre, t'allaiter jusqu'à tes trois ans et demi, t'apprendre à lire AVANT que tu n'entres en maternelle ou encore t'aider à devenir un petit Mozart. Mais elle n'a jamais trouvé le temps.

Elle fait de son mieux, elle tâtonne, elle essaie, elle échoue, elle réussit parfois et, surtout, elle persévère. La maternité n'est pas une science exacte. Ta mère doit trouver l'équilibre entre te choyer et te laisser faire tes propres expériences, sans chercher à te protéger systématiquement – ce qui n'est pas facile.

En effet, si ta mère faisait tout ce qui est en son pouvoir pour t'aider et te comblait avant même que tu n'émettes un désir, ce serait dangereux pour toi car tu n'apprendrais pas à faire face aux multiples frustrations de la vie. Elle sait ce qui t'attend, et elle aimerait tant t'épargner les heurts et les bosses ! Mais personne ne peut être TOUT pour un autre.

Alors, sois heureux d'avoir une mère imparfaite, car, si elle était Miss Parfaite, elle serait en plastique, en bois ou en marbre. Elle serait un robot ou un extraterrestre.

Une personne ne peut être parfaite que dans un monde parfait.

Mèreveilleuse

Elle était si profondément ancrée dans ma conscience que, durant ma première année d'école, je crois bien m'être imaginé que chacun de mes professeurs était ma mère déguisée. Lorsque la dernière sonnerie de cloche avait retenti, je galopais vers la maison et tout en courant me demandais si je réussirais à atteindre l'appartement avant qu'elle ait eu le temps de se retransformer en elle-même. Invariablement, à mon arrivée, elle était déjà dans la cuisine en train de préparer mon lait avec des gâteaux secs. Au lieu de m'inciter à renoncer à mes illusions, cette prouesse accroissait simplement mon respect pour ses pouvoirs.

Philip Roth

Que font les filles qui n'ont pas de mère pour les aider à résoudre leurs problèmes ? s'interroge Louisa May Alcott, auteur des *Quatre Filles du Dr March*.

Dès que tu as un ennui, tu te tournes vers ta mère. Elle est ton poste de secours le plus proche, ta bouée, ton Docteur Catastrophe. Tu as un souci ? Tu es affligé ? La vie ne te sourit pas aujourd'hui ?

Tu lui téléphones à son bureau avec une voix tremblante : « Maman, j'ai oublié mon devoir de maths. Le prof va me tuer. » Ta mère te rassure : « Calme-toi. Enlève tout de ton sac. Je suis sûre que la feuille d'exercice est là. » Tu vides le sac et, miraculeusement, la feuille apparaît.

Il pleut des cordes et tu es sorti sans imper et sans parapluie, et aussi sans un centime. Tu lèves les yeux et elle est là avec un carrosse en or, sa vieille auto. Elle est une bonne fée, ta bonne fée, tout droit sortie d'un conte.

Ton copain vient de te plaquer. Tu es triste et morose. Ta mère te propose une bonne comédie romantique qui raconte les hauts et les bas de l'amour. Elle t'achète un gros paquet de pop-corn et tu sors avec le sourire retrouvé.

Ta mère est là, une présence qui plane sur ta vie. Souvent un soleil, mais parfois un nuage menaçant. Elle est le témoin oculaire de ta vie entière, pour le meilleur et pour le pire. Elle se fâche pour des riens, te reproche tes oublis, ta négligence, ton manque de considération pour elle et pour ton entourage. Elle te punit en annonçant : « Je fais ça pour ton bien. » Elle s'occupe de ton alimentation en te servant un plat de carottes, que tu détestes, avec la promesse que tu auras les cuisses roses, les joues roses aussi. Tu lui confies que tu as fait une bêtise et elle en rajoute : « Plus tard, tu le regretteras. »

Elle te donne un ordre en jurant qu'elle ne le dira qu'une seule fois. Et puis elle le répète cinq fois ! Elle te dit souvent : « Tu me remercieras » ou, pire : « Tu comprendras quand tu seras plus mûr. »

Certes, elle a un pouvoir énorme sur toi. Tu es obligé de passer par elle pour des menus détails quotidiens. Comme c'est elle qui gère, par exemple, ton linge, tu es obligé de lui demander : « Où as-tu mis mon... ? » Comme c'est encore elle qui s'occupe de ce domaine capital que sont les courses, tu partiras en quête de tes mets préférés : « Mais, maman, tu n'as pas acheté de cornflakes ? » Comme tu ne gagnes pas encore ta vie, si tu as des besoins précis, tu devras t'adresser à elle : « Maman, tu n'as pas dix euros ? » Et si jamais il t'arrive un malheur, genre mauvaise note ou colle, ne ressens-tu pas le besoin de te confier à elle ?

Elle t'énerve quand elle a raison, mais, il faut l'admettre, elle a souvent raison ! Elle trouve toujours une solution, elle tranche vite... parce qu'il le faut. Elle n'a pas d'autre alternative que de mettre tout en œuvre pour résoudre ton problème. Elle a de l'expérience. Elle te connaît. Elle est dévouée à ta cause. Elle s'est engagée à vie à être là pour toi. Tu es sa priorité absolue.

Rien à dire : une mère, ça sert à quelque chose !

Mère imprésario

Et la mère, fermant le livre du devoir,
S'en allait satisfaite et très fière, sans voir,
Dans les yeux bleus et sous le front plein d'éminences,
L'âme de son enfant livrée aux répugnances.

Arthur Rimbaud

Elle était jeune fille, et puis tu arrives et, tout d'un coup, elle est mère. Elle tient dans ses mains cet être qu'elle vient de propulser dans ce monde complexe. Elle établit l'inventaire : tu as deux yeux, deux oreilles, vingt doigts si on additionne les pieds et les mains. Tu as cette masse de cellules et de neurones bien cachés sous l'épiderme fragile de ton crâne, et puis le muscle capital : un cœur lié pour toujours au sien.

Elle te regarde et elle sait que tu as des possibilités infinies, que tu es la promesse de l'humanité, que tu es un génie en herbe. Elle devine en toi un potentiel cosmique, et elle est là pour t'aider à le laisser éclore. Qu'as-tu en commun avec Sigmund Freud, Galilée, Coluche, Charles de Gaulle, Bjork ? Tu as une mère ! Oui, Einstein a eu une mère, Léonard de Vinci, Marcel Proust et Marie Curie aussi. « Dieu n'a pas pu être partout, alors il a créé les mères. »

Penses-tu qu'on devient un génie tout seul ? Un enfant abandonné dans la forêt apprend-il à parler, à vivre avec les autres, à maîtriser les techniques nécessaires pour s'épanouir ? Un petit enfant aurait-il l'idée de louer un violoncelle pour se mettre à en jouer ? Aurait-il l'idée de manger des légumes et des protéines

plutôt que des pâtes et des frites à tous les repas ? Aurait-il l'idée de s'habiller correctement selon la saison ? Eh bien, non ! Rien ne vient sans que l'on ait été initié. Il faut avoir un guide ; ce guide, c'est ta mère.

On a tous en nous une énorme réserve de paresse qui nous hante et nous tente à chaque moment. Ta mère est là pour t'encourager à en faire plus, à te dépasser.

Une mère est un réveille-matin.

Une mère est le ressort qui fait rebondir les ressources en toi.

Une mère est une veilleuse permanente qui s'assure que la lumière en toi ne s'éteint pas.
Fais-lui confiance !

Est-ce si difficile de lui dire : « J'ai besoin de toi » ?

Mère questionnaire

Laissez-moi ma vie, laissez-moi mes nuits,
Laissez-moi mes folies, laissez-moi mes musiques,
Laissez-moi mon corps, laissez-moi mes « j'adore ».
Laissez-moi mes rêves, laissez-moi mes lèvres,
Laissez-moi ma solitude, laissez-moi ma lassitude,
Laissez-moi mes désespoirs, laissez-moi mes « j'en ai marre »,
Laissez-moi mes petits coins d'âme,
Laissez-moi mes chagrins et mes larmes,
Laissez-moi mes entêtements, laissez-moi mes sentiments.
Laissez-moi mes désirs, laissez-moi mes envies.
Laissez ma plume qui court et qui brûle
D'envie de vous crier « Laissez-moi ! »
Je veux être seule pour vivre tout ce que j'ai dans la peau.
Je ne sais pas très bien ce qu'il y a dedans,
Mais je sais que c'est vraiment présent.

Sylvie

Je reviens d'une soirée avec Guillaume et maman est là à m'attendre. « Tu l'as embrassé ? » me demande-t-elle. Ha ! Est-ce qu'elle veut vraiment savoir ? Pourquoi ne peut-elle me laisser un tout petit secret ? Je l'ai déjà prise en flagrant délit qui fouillait dans mon sac à dos. Que pensait-elle y trouver ? Du whisky, du haschich, des cigarettes, des magazines pornographiques ? Elle a dû être drôlement déçue. « Oui, maman, on s'est embrassés. – Et ? – Et ? C'est ma vie, ma vie privée, ma propre personne. Ça te va ? » Je ne veux pas dire TOUT à ma mère. Je voudrais garder une partie pour moi, mon jardin secret.

Cynthia

Tu reviens d'une journée de classe ennuyeuse. Tout était lourd. Les profs avaient l'air aussi déprimés que toi. Ta note d'interro de maths est encore plus basse que ton humeur. Tes copains t'ont snobé. La cantine était infecte. Et un oiseau a pris ta tête pour un W.-C. public.

Tu arrives à la maison, hargneux, amer, mais soulagé d'être chez toi. Tu voudrais t'enfermer dans ta chambre pour être seul, enfin seul. Mais voilà que ta mère surgit et te demande, guillerette : « Comment s'est passée ta journée, mon amour ? »

Tu es trop énervé pour lui dire que ça t'a suffi de VIVRE cette journée en enfer. Tu n'as pas envie de la REVIVRE en la racontant. Alors tu lui dis : « Ce ne sont pas tes oignons. »

Ta mère te regarde comme si elle venait de recevoir une claque qui l'aurait mise K.-O. Elle t'a espéré, mijoté, bichonné. Elle ne comprend pas cette attaque. Elle est abasourdie et dit : « Quoi ? Ce ne sont pas mes oignons ? »

Toi, tu trouves que ta phrase était hautement diplomatique, car tu aurais pu aussi bien lui dire : « Va te faire cuire un œuf ! » (Ou même pire !)

Ta mère se métamorphose en mégère-sorcière et hurle : « Pas mes oignons ? C'est quoi alors, mes oignons ? Tu es mon seul oignon ! Si ce n'est pas toi mes oignons, je déclare forfait. »

Tu aimerais seulement t'esquiver et filer dans ta chambre après un petit crochet à la cuisine afin de calmer ta faim et ta frustration, et te voilà au milieu d'une scène de théâtre burlesque.

« Je répète, annonce-t-elle. Comment s'est passée ta journée ?
– À ton avis ? » Tu lui offres ta patience infinie.
« Je n'ai pas d'avis. Je ne peux pas deviner. Il faut m'expliquer !
– Maths, histoire-géo, gym, anglais, français.
– Ça s'est bien passé ?
– Oui, maman. »

On t'a dit de ne jamais mentir, mais tu sais que mentir est le prix de ta liberté provisoire. Si tu dis non, elle va vouloir d'autres explications. Alors, tu lui donnes la réponse qu'elle souhaite, et peut-être la seule « vérité » que ses oreilles peuvent supporter. Elle a besoin de se réconforter en se disant que cet être qu'elle a enfanté s'adapte et s'intègre dans la société. Elle t'a lâché dans un monde qu'elle sait imparfait et il lui faut se convaincre que tu vas te débrouiller. Elle doit ainsi calmer ses doutes.

Oui, elle te casse les pieds, elle t'embête, elle t'enquiquine.

Mais préférerais-tu qu'elle se désintéresse de toi ?

Mère pour tous

Je l'ai vu de mes yeux et je vous jure que c'est vrai. Un jour que ma mère mettait le linge sale dans la machine, je l'ai vue extraire de cette jungle de sous-vêtements les culottes et les sous-tifs de ma sœur pour les laver à la main. Elle a mis la machine en marche, puis elle s'est attaquée tendrement aux affaires de ma sœur, la princesse aux fesses trop délicates pour une banale machine. Et moi, avec mes fesses dures, j'avais droit à la lessive agressive. J'avais enfin la preuve de ce que je soupçonnais depuis ma naissance, deux ans après celle de ma sœur : ma mère la préfèrait. Je suis allée pleurer toute seule dans ma chambre. Et je pleure encore. »

Sandra

La rumeur prétend qu'une mère aimerait tous ses enfants de la même manière. Mais cette rumeur, propagée par les mères elles-mêmes, est basée sur une illusion. Une mère n'aime pas tous ses enfants de la même manière, mais plutôt différemment. Et toi, d'ailleurs, aimes-tu tous tes amis de la même façon ? Non, tu en aimes une parce qu'elle est fidèle, un autre parce qu'il est drôle, une autre parce qu'elle t'écoute et t'aide à vivre.

> Le plus grand cauchemar d'une mère est décrit dans le livre de William Styron *Le Choix de Sophie*. Sophie est en Pologne, où elle a été déportée dans un camp de concentration. À l'entrée du camp, les nazis lui imposent de choisir entre sa fille et son fils : l'un vivra, l'autre mourra. Dans la vie réelle, une mère ne pourrait jamais faire ce choix.

Une mère aime chacun de ses enfants autant qu'un être humain peut aimer un autre être humain. Aimer, c'est un élan vers une autre personne sans autre salaire que l'amour même. Aimer, c'est prendre la personne telle qu'elle est et non pas telle qu'on voudrait qu'elle soit. Aimer, c'est accepter l'autre. L'amour est chaque fois illimité et infini. On n'a pas une quantité d'amour qu'il faut partager comme les parts d'un gâteau. Une mère aime chacun de ses enfants d'une façon aussi vaste que l'immense océan.

Tu n'es pas la même personne que ton frère ou ta sœur. Pour cette raison, ta mère ne se comporte pas de la même façon avec l'un ou l'autre. Il ne s'agit pas d'égalité, mais de différence. Elle ne cherche pas l'égalité absolue, car elle n'existe pas ; elle essaie de traiter chacun de ses enfants selon l'originalité, la personnalité qu'il présente. Chaque enfant est un nouveau défi. Ton frère peut être plus souple, plus docile et facile que toi.

Ça rend la vie plus agréable à tes parents. Toi, tu es peut-être un peu rebelle, plus coléreux, plus contrariant. Ta mère t'aime tout autant, mais parfois tu l'agaces. Elle a du mal à ne pas le montrer. Ce n'est pas une compétition. Prends ton numéro ! Chacun son tour. Une mère ne peut pas répondre aux besoins de chaque enfant en même temps. Quand ton frère est malade et qu'il a une grosse fièvre, elle est à son chevet parce que c'est lui qui a besoin d'elle à ce moment-là. À d'autres moments, c'est toi, et elle sera là plus que pour tes frères et sœurs.

> Souvent, quand on regarde ce qui se passe dans les familles, on comprend mieux pourquoi il y a des guerres dans le monde. On se bat pour une portion de frites ou un bol de céréales, et on ne cherche pas à comprendre les gens qui vivent sous notre propre toit. On aimerait être seul sur la terre et on pense qu'on a tous les droits. Dans le monde, on ne voit pas plus loin que les frontières de son pays. Dans une famille, souvent, on ne voit pas plus loin que la frontière de son propre épiderme. C'est dommage.

Il n'y a pas une quantité limitée d'amour, il y en a assez pour tout le monde.

mère pinocchio

Ma mère ne veut pas que je mente, mais alors, elle, elle est championne de mensonges. Elle utilise toute la gamme de mensonges possibles : fausseté, petits mensonges, contre-vérités, hypocrisie, flatterie. Sa grande force est l'exagération. Comment veut-elle que je sois honnête ? Une amie lui téléphone et elle me mime : « Dis que je ne suis pas là ! » Il faut en plus que je mente pour elle ! Elle m'a toujours poussé à mentir en disant merci pour des horreurs, genre le cadeau de Tante Gisèle, un pyjama de prisonnier. Elle-même dit à sa sœur que son repas est délicieux et après je l'entends dire à sa mère que c'était dégoûtant. Elle fait des sourires à se casser la mâchoire à une dame qu'on rencontre dans la rue et après elle me dit que c'est une vraie harpie. Alors, est-ce mal de mentir ?

Elliot

Tu as des boutons sur le visage et tu sais que ton miroir te dit toujours la vérité. C'est l'horreur. Tu as envie de te cacher du monde et de ta mère. Mais elle t'intercepte dans ta course folle vers la porte. Vous vous regardez profondément, toi misérable, elle résignée. Tu dis : « Je suis moche ! » et elle te ment sans honte : « Non, tu es beau, mon chéri. » Mais tu sais que c'est faux. Une mère a des lunettes roses en forme de cœur qui embellissent les défauts de ses enfants.

Elle t'avait dit aussi que le Père Noël existait. Elle mentait. Sans parler de la petite souris !

Elle minimise les véritables catastrophes de ta vie en disant : « C'est rien ! » Elle te ment aussi en te faisant des promesses – un cadeau, une punition – qu'elle ne tient pas, des promesses noyées dans sa tête en l'air.

Tu lui exposes les tares de ce monde pollué avec ses famines, ses guerres, ses fanatiques, ses politiques et autres catastrophes en « tique », et invariablement elle te dit : « Ça a toujours été ainsi. On va surmonter. » Pourtant, tu le sais, toi, que tu ne vas pas surmonter, que le monde va s'écrouler, que le réchauffement de la planète s'accentue de plus en plus. C'est curieux quand même : elle écoute le journal télévisé en même temps que toi, elle n'est pas sourde, mais elle insiste, parce qu'il faut qu'elle persiste à croire et à te faire croire que la vie est une belle aventure.

Parfois aussi, elle te dit qu'elle, à ton âge, elle avait plus de respect, qu'elle était sage, obéissante, bonne élève et parfaite. Tu te dis : « Mon œil ! » Tu trouves même ses vieux carnets de notes et tu SAIS que ça n'est pas vrai !

Elle t'a dit d'une personne que tu aimes qu'elle est partie au ciel ou pour un long voyage. Et, comme elle ne veut pas que tu ailles rendre visite à un parent hospitalisé, elle te fait croire que ce n'est pas grave. Tant pis si tu as entendu le mot « chimiothérapie ».

Tu l'as prise en flagrant délit de mentir sur son âge et sur son poids.

Le pire, c'est quand elle ment par omission. C'est le non-dit dans toute sa gloire. La moitié d'une vérité est, pour toi, un mensonge entier. Un soir, tu la trouves énervée, échevelée et au bout du rouleau.

Tu lui demandes : « Qu'est-ce qu'il y a ? – Rien ! » te dit-elle trop vite et trop fort. Mais tu sais très bien qu'il y a quelque chose.

Elle évite de parler de sexe, d'argent et de politique. Elle pense que tu es toujours convaincu que les enfants naissent dans les choux, même si tu as quinze ans !

On a tous menti d'une façon ou d'une autre. On peut mentir pour éviter de blesser quelqu'un ou pour se sortir du pétrin. Mais on ment aussi pour blesser quelqu'un ou pour obtenir quelque chose. On ment également pour faire face à sa gêne lorsque l'on est en retard ou que l'on fait une gaffe. On ment pour protéger son intimité. On ment pour paraître mieux que ce que l'on est vraiment. Et on ment simplement pour s'amuser.

Mais quand tes parents mentent, ça n'a rien à voir avec tes mensonges à toi. Ta mère ment pour te protéger ou se protéger. La vérité est parfois brutale. Elle est tellement lourde que peu de gens réussissent à la porter, et ta mère la porte pour toi. En fin de compte, ta mère est plus enfantine que toi. Elle veut croire aux contes de fées.

Elle veut garder la foi en ce monde dans lequel elle a projeté l'être « innocent » que tu es.

Et mère alors !

Ça y est, je l'ai dit : «Je te déteste !» Et elle ne répond rien. Le calme plat. Elle me regarde comme si j'étais folle, comme si je ne venais pas de lui dire la pire chose qu'une mère puisse entendre. Impassible. Le fait qu'elle m'a interdit de sortir avec les copains parce que ma grand-mère venait spécialement me voir, ça ne la dérange pas. Je pourrais dire un bref bonjour à mamie, qui n'y est pour rien, et partir, mais non, elle veut que je reste là en parfaite fille modèle. Elle ne comprend pas que c'est une sortie importante et urgente. Je suis réquisitionnée sans appel. Ne devrait-elle pas comprendre ? Je répète : «Je te déteste.» Elle me regarde droit dans les yeux comme si elle allait dire quelque chose qui allait m'ébranler. Cool, elle me caresse la joue avec un «Ça te passera !» Je change ma chanson avec un «Je te hais !» et elle sourit avec son habituel : «Et moi je t'aime.» Elle me prive même de ma révolte.

Carole

Il y a autant de sujets de dispute que de sujets tout court : les copines, les amoureux, les devoirs, les notes, les tâches ménagères, le respect, la nourriture, les cheveux, les vêtements, le ton de la voix...

> Tu énerves ta mère. Il y a des choses que tu sais qu'elle n'aime pas que tu fasses, des bêtises qui lui déplaisent, à lui en faire s'arracher les cheveux. Certains trucs qui la rendent folle. Mais tu n'y peux rien. Tu fonces quand même.

Tu te ronges les ongles, par exemple. Et ça, c'est franchement visible. Tu ne peux pas le cacher, mais tu ne peux pas t'arrêter non plus. Et ta mère n'a pas d'autre recours que de te crier dessus pour tenter de te raisonner. Dans le temps, quand un enfant suçait son pouce au-delà de ses cinq ans, on lui mettait un produit amer sur le doigt pour le décourager. De nos jours, une mère qui ferait ça serait considérée comme une tortionnaire. Ce serait contre les droits de l'enfant.

> Le fait que tu enroules une mèche de cheveux autour de ton index la met dans tous ses états, ou que tu sépares tes cheveux fourchus jusqu'à la racine, ou que tu te mordes la lèvre supérieure des heures durant. Tu te grattes et, par la même occasion, tu lui « grattes les nerfs ». Tout ça, tu ne le fais pas exprès. C'est au-delà de ton contrôle. Elle pourrait te dire « Arrête ! » pendant cent ans, tu persisterais dans ces activités subversives.

Tu as encore d'autres lubies : manger du chocolat qui « n'aide pas ton acné », traîner juste après avoir dit que tu avais une tonne de devoirs, regarder la télé comme un mort-vivant.

Elle hurle quand tu marches pieds nus comme si tu avais commis le crime du siècle. Et elle croit au sommeil comme d'autres croient en Dieu. Elle trouve insupportable que tu ne boives pas ton jus d'orange en entier ou que tu n'aies pas faim le matin. Elle veille quand tu lis un livre passionnant le soir et elle te crie : « Éteins la lumière tout de suite ! »

Mais, elle aussi, elle a le don de t'énerver. Elle a toujours des conseils sur les dangers qui te guettent : « Fais attention, ne t'assieds pas sur des toilettes publiques », « Couvre-toi, tu vas attraper froid. » Elle te fatigue avec ses ordres : « Fais ton travail avant de sortir », « Mange plus de légumes », « Tiens-toi droit », « Va te coucher »...

Autre source d'irritation : ta mère t'ordonne de faire quelque chose pile poil au moment où tu allais le faire. « Je sais, maman, je sais, c'est pas la peine de me le dire. » Elle te donne tellement son avis que tu as du mal à penser par toi-même. En plus, elle te répète : « J'arrêterai de te dire ce que je pense quand je serai morte ! » Ah, le bel avenir ! Ta mère te demandera encore si tu t'es brossé les dents quand tu auras soixante ans ?

Cela te rend fou surtout parce que tu vois qu'elle est pleine de contradictions : un jour, elle ne veut pas que tu fasses les mêmes erreurs qu'elle – elle n'a pas appris plusieurs langues étrangères, ni à jouer d'un instrument de musique ; le lendemain, elle n'a jamais fait d'erreurs

– alors que toi ! – et tu dois arriver à son niveau de perfection. Un jour, elle t'aime, car tu es la huitième merveille du monde ; le lendemain, tu es bien moins que nul parce que tu n'as pas eu 18 en histoire.

Elle se vante de tes bons résultats à l'école, mais elle n'hésite pas à répéter en public tes gaffes et les mauvaises appréciations de certains professeurs. Elle t'interdit de fumer alors qu'elle fume. Elle t'encourage à lire alors qu'elle se vautre devant la télé.

Mais, de ton côté, n'as-tu pas, toi aussi, des contradictions ?

Tu cherches son approbation / tu la provoques.
Tu la places sur un piédestal / tu veux la remettre à sa place (à la cave, au grenier !).
Tu veux qu'elle disparaisse / tu la veux auprès de toi.
Tu veux garder tes secrets / tu meurs d'envie de les lui dire.
Tu voudrais qu'elle soit moins occupée / tu es content quand elle n'est pas là.
Tu détestes quand elle fait de l'humour / tu ne supportes pas de la voir déprimée.
Tu n'aimes pas quand elle est amoureuse / tu crains le divorce.
Tu aimerais qu'elle soit moins exigeante / tu es content qu'elle te croie capable de tout.
Tu as besoin d'être seul / tu te blottis près d'elle.
Tu veux partir / tu aimes rester.

De contradiction en dispute, les journées s'écoulent. Une dispute, c'est comme une démangeaison : plus tu grattes, plus ça démange. Mais on arrive aussi à calmer une démangeaison, à la dompter.

Et puis, lorsque chacun critique et corrige le point de vue de l'autre, les disputes permettent aux mères et aux enfants de se connaître mieux. Quand tu laisses parler ta colère, tu l'aides à s'évacuer. On apprend beaucoup si on arrive à bien écouter les disputes. Ça purifie l'air. C'est une façon d'être proche. C'est un bon match de boxe verbale.

Sache tout de même que tu pourrais éventuellement obtenir ce que tu veux en t'y prenant autrement – tu le sais déjà ! Les diplomates, les négociateurs, les médiateurs connaissent bien la technique. Il y a des moyens de se parler gentiment, de cajoler, de se faire comprendre sans arriver à la colère. Mais, quelque part, on aime qu'il y ait un peu de drame et de confrontation dans la vie. Ne renonce jamais à croire que nous pouvons vivre ensemble sur cette terre. Ne démissionne pas. Les disputes ne sont qu'un peu de sel et de piment dans nos vies par moments ternes.

Ne renonce jamais à croire que nous pouvons vivre ensemble sur cette terre.

Mère propriétaire

Et une femme qui portait un enfant dans les bras dit :
Parlez-nous des enfants.
Et il dit : Vos enfants ne sont pas vos enfants.
Ils sont les fils et les filles de l'appel de la Vie à elle-même,
Ils viennent à travers vous, mais non de vous.
Et bien qu'ils soient avec vous, ils ne vous appartiennent pas.

Vous pouvez leur donner votre amour mais non point vos pensées,
Car ils ont leurs propres pensées.
Vous pouvez accueillir leurs corps mais pas leurs âmes,
Car leurs âmes habitent la maison de demain, que vous ne pouvez visiter,
Pas même dans vos rêves.
Vous pouvez vous efforcer d'être comme eux,
Mais ne tentez pas de les faire comme vous.
Car la vie ne va pas en arrière, ni ne s'attarde avec hier.

Vous êtes les arcs par qui vos enfants, comme des flèches vivantes, sont projetés.
L'Archer voit le but sur le chemin de l'infini, et Il vous tend de Sa puissance
pour que Ses flèches puissent voler vite et loin.
Que votre tension par la main de l'Archer soit pour la joie ;
Car de même qu'Il aime la flèche qui vole, Il aime l'arc qui est stable.

Khalil Gibran

J'avais proposé de faire le dîner pour toute la famille. Ma mère est venue avec moi faire les courses (en demandant des explications et des justifications pour chaque article que je voulais acheter). Ensuite, elle s'est tenue derrière moi comme une ombre pour me dire : «Trop de sel», «Coupe plus fin.» Elle a profité d'un coup de fil auquel j'ai répondu pour relaver la salade. Elle a déplacé les verres sur la table d'un millimètre, histoire de me dire que je suis nul. Elle aimerait peut-être que je sois comme l'un de ces princes, l'une de ces princesses dans un conte de fées qui se pique le doigt ou mange une pomme empoisonnée, dort pendant cent ans et se réveille adulte et formée, sachant au moins laver la salade sans laisser une miette de terre ou un petit escargot qui n'a fait de mal à personne !

Thomas

les sets de table chez moi

Le sevrage est la plus dure épreuve de la maternité. Habituellement, quand on parle de sevrage, on se réfère au moment où une mère arrête d'allaiter son bébé. En fait, il y en a plein d'autres : le sevrage du berceau, celui du lit à barreaux… Les sevrages se suivent et grandissent avec toi. Ta mère doit lâcher la selle de ton vélo, te laisser traverser une rue, t'envoyer en colonie de vacances.

« Grandir ne veut rien dire pour une mère. Un enfant est un enfant. Ils deviennent plus grands, plus vieux, mais grandir… » (Toni Morrison, prix Nobel de littérature.) Pour une mère, son enfant est toujours son enfant. À soixante-sept ans, elle t'appellera encore « mon bébé ». Si tu quittes la maison pour de bon, elle sera capable de s'asseoir sur ton lit et de rester pendant des heures à regarder dans le vide et à sangloter.

Quand tu auras quarante ans et elle soixante-cinq, elle freinera toujours à ta place quand tu conduiras, elle se méfiera de ta cuisine, elle continuera à te donner des conseils pour élever tes propres enfants.

Quand tu auras cinquante ans et elle soixante-quinze, elle aura toujours peur que tu attrapes froid, que tu tombes, que ta vie dégringole.

Tu es son enfant pour la vie, et elle ta mère pour la vie. C'est un problème de vitesse ! Le temps passe vite, la vie passe vite, et voilà : tu as été son bébé et, en un clin d'œil, tu as un bébé. Toute sa vie, elle aura la nostalgie du temps où tu étais petit.

C'est essentiel de donner, de se sentir utile, d'être responsable, de remplir une fonction, de satisfaire sa clientèle : toi ! Elle a du mal à voir se modifier son rôle, mais elle sait, au fond d'elle-même, que sa « mission » doit évoluer avec le temps. Elle apprend que chaque stade est aussi passionnant que le précédent, que chaque période comporte ses défis à relever et que chaque jour livre une nouvelle surprise. Il n'empêche, ta petite enfance, le moment où elle te portait dans ses bras, est ancrée dans son cœur pour toujours.

D'un côté, elle doit t'apprendre à te débrouiller seul. Elle aime te voir mettre la table, faire un gâteau, coudre un bouton. De l'autre côté, c'est difficile pour elle de déléguer. D'ailleurs, c'est difficile pour tout le monde de déléguer ! Elle fait les choses plus vite toute seule, elle a l'habitude.

Parfois aussi, elle aimerait que tu lises dans ses pensées, que tu comprennes ses besoins, que tu sentes sa fatigue. Elle souhaiterait que les initiatives viennent de toi. C'est ingrat de mendier un service. Cela fait encore partie de ses contradictions, car elle aimerait que tu l'aides mais, en même temps, elle ne veut pas lâcher son domaine de compétence. Elle veut t'épargner des besognes, mais elle rêve d'un enfant qui contribue à la collectivité.

Peut-être, en fin de compte, aime-t-elle être une martyre. Ça calme sa culpabilité de savoir qu'elle est à l'origine de ta peine, les jours où tu vas mal. Elle se sent tellement coupable dans ces moments-là qu'elle est prête à endosser tous les tracas du monde pour calmer son impuissance à ne pas pouvoir te protéger de tous les dangers, des blessures, des injustices. Elle ne peut pas empêcher ni éviter toutes les fatalités. Et cette incapacité à se placer entre toi et les coups durs est un des drames de sa maternité. Même si elle sait que, dans l'ordre naturel de la vie, elle ne sera pas toujours à tes côtés. Elle essaie de se faire une raison.

Alors, quand elle te surprotège, n'est-ce pas une façon de te dire : profite de moi tant que tu peux ?

Non, ta mère ne sera pas toujours là. Dans le meilleur des cas, elle s'en ira avant toi et tu ressentiras la même chose que l'écrivain Albert Cohen : « Mais rien ne me rendra ma mère, ne me rendra celle qui répondait au nom de Maman, qui répondait toujours et accourait si vite au doux nom de Maman. Ma mère est morte, morte, morte, ma mère est morte, morte. » Si seulement on savait l'apprécier quand elle est là !

On ne se remet jamais de la mort de sa mère.

Mère sorcière

Je m'enferme dans ma chambre en lui disant que j'ai une montagne de devoirs. C'est vrai. Mais c'est plus fort que moi : je me colle à l'écran de l'ordinateur que j'ai fini par avoir. Ma mère a une peur noire de cette machine. Elle pense que c'est la source de tous les maux et elle est sûre que je regarde les sites porno. Mais, là, je lis mes messages et je réponds, rien de bien méchant. Ma mère arrive dans ma chambre en criant : « C'est ça que tu appelles faire tes devoirs ? » Elle débranche le diable (il ne faut jamais débrancher un ordinateur comme ça !) et elle se met à me sermonner sur les mensonges. «Comment je peux te faire confiance si tu me mens tout le temps ?» pleurniche-t-elle. Je n'ai pas vraiment menti, car j'avais l'intention de faire ces malheureux devoirs. Mais comment arrive-t-elle à voir à travers les murs ?

Manuel

Ta mère te dit souvent : « Ne grandis pas trop vite ! » Mais tu as hâte d'entrer dans le monde adulte, de contourner les interdictions, même s'il s'agit de choses aussi innocentes que lire un roman d'amour tard dans la nuit. Tu es justement attiré par ces choses qu'elle voudrait que tu évites. Elle te met en garde contre les cigarettes, l'alcool, la drogue et le sexe précoce, et elle te demande simplement d'être à la maison à telle heure.

Tu ne veux plus qu'elle te dicte ton comportement. Tu tardes donc à respecter son couvre-feu et tu traînes avec des copains. Quand tu rentres à la maison, tu vois son expression de colère et de déception. Tu inventes une histoire digne d'un grand roman d'heroic fantasy : panne de bus, accident d'un ami, colle d'un prof dingue. Ou bien tu lui dis que tu vas passer tout ton dimanche à préparer un exposé avec une copine, alors qu'en fait tu vas rencontrer ton copain secret pour l'embrasser dans un jardin public.

Le problème, c'est qu'elle a une envie subite d'entendre ta voix et là, coup de théâtre : elle te téléphone chez ton amie. Tu n'as pas prévu cela, donc tu n'as pas prévenu la copine en question. C'est la panique assurée ! Si, par ailleurs, tu dépenses tout ton argent de poche pour acheter du maquillage – alors que tu possèdes toutes les marques et toutes les couleurs qui existent – ou un gadget électronique dont elle ne comprend pas l'utilité, elle le voit et te demande : « Combien ça a coûté ? » Alors, tu lui réponds : « Ah, c'est un ami qui me l'a passé. » Mais tu sais qu'elle ne te croit pas.

> Tu lui dis que tu vas travailler les maths avec des amis alors que tu vas au cinéma avec eux. En rentrant, tu comprends à son regard qu'elle sait. Oui, elle sait. Ou bien elle le saura, d'une façon ou d'une autre. C'est toujours pareil : plus tu cherches à lui cacher quelque chose, plus elle fait preuve de talents de détective privé et déniche des indices et des preuves qui la mènent à la vérité. Comme si tu semais toi-même des miettes d'évidence pour qu'elle te démasque.

Peut-être n'as-tu pas bien appris à mentir ? Tu as lu beaucoup de contes et tu connais les conséquences du mensonge. Qui ment est puni d'une façon ou d'une autre. L'histoire de Pinocchio te poursuit et tu attends la grande poussée de ton nez. Tu ne veux pas non plus être le garçon qui crie au loup : « Si tu mens, plus jamais personne ne te croira. » Il n'y a pas de crime parfait. Ce n'est pas facile de mentir. Cela demande toute une technique et une stratégie.

Mais toi, ne sais-tu pas aussi quand les gens mentent ? C'est comme si leurs mots n'étaient pas coordonnés avec leurs gestes. Leur parole montre uniquement ce qu'ils veulent que tu voies, mais leur corps ne sait pas mentir. Une mère est comme ça, et en plus elle est équipée d'un radar spécifique pour lire ta vitesse intérieure et d'un baromètre pour connaître ta température et tes orages internes. Et puis il y a ce fameux petit doigt qui lui dit tout… C'est juste l'éternel jeu entre mère et enfant depuis l'aube des temps.

Mais, concrètement, comment sait-elle que tu mens ? Elle le sait parce qu'elle a peut-être raconté les mêmes mensonges quand elle avait ton âge. Elle connaît les ruses dans la panoplie du menteur. Elle sait aussi que ça va te passer parce que tu n'auras bientôt plus besoin d'inventer des alibis et des histoires pour acquérir ta liberté. Elle sait que ce n'est pas grave.

Néanmoins, même si tes petits mensonges n'ont finalement pas beaucoup d'importance, ta mère a raison de vouloir t'apprendre le prix de la vérité. Parfois, tu as envie de mentir pour éviter les critiques – voire une punition –, pour esquiver une obligation, pour impressionner quelqu'un, pour bluffer ou pour te rendre plus beau. Peut-être mens-tu pour tester tes parents, vérifier qu'ils veillent. Tu ne veux pas qu'ils s'endorment ! Quelque part, tu aimes l'idée qu'ils te protègent (souvent de toi-même), qu'ils sont alertes, que leur système d'alarme fonctionne.

Mais mentir, que ce soit un jeu, un sport ou un test, fait du mal, car le mensonge démolit la confiance. C'est du vol, tout comme voler quelque chose.

Le mensonge démolit la confiance.

Mère vipère

Ils pensaient que nous étions couchées, mais sur la pointe de nos pieds nus, on prenait place sur les marches de l'escalier, ma sœur et moi, comme au théâtre. Et le spectacle n'a jamais manqué. Maman : « Tu es en retard, le dîner est froid et ne compte pas sur moi pour le réchauffer. » Pauvre papa, il ne revenait pas d'une discothèque ou du cinéma. Il avait l'air fatigué, il bossait, il y avait des bouchons. « Je passe ma vie à attendre. » Il essayait de lui parler du bureau, des urgences de la dernière minute, des collègues qui l'ont rattrapé avant qu'il n'arrive à la voiture. « C'est comme si les enfants n'avaient pas de père. » Et vlan ! nous voilà mêlées à ses revendications. Et le ton monte jusqu'à des « Je n'aurais jamais dû me marier avec toi ! » et « Je ne te supporte plus ! » Et nous, spectatrices, voyeuses, étions fascinées et terrorisées. Et ça continue encore aujourd'hui. Que lui veut-elle ? Ce n'est pas pour rien que les hommes meurent les premiers.

Ambre

Ce n'est pas un scoop : c'est avec les gens que nous aimons que nous nous battons le plus. Les autres nous laissent indifférents. Faire marcher un couple demande du temps et du travail. C'est sûr qu'il y a des avantages à vivre à deux – selon les statistiques, on vit plus longtemps en couple que seul. Mais c'est moins paisible. Il y a beaucoup de compromis et d'efforts à faire. C'est plus facile d'avoir toute une armoire à soi que de partager des tiroirs, et de l'oxygène. Mais c'est aussi très agréable de partager un lit !

Quand un couple décide de s'installer ensemble, c'est amour, bisous et passion, et puis petit à petit s'infiltrent des contrariétés, des contretemps, des crises, des révélations. Ta mère pourrait relever toutes les contradictions et les petites manies de ton père.

Il laisse traîner ses affaires – comme toi ! –, il arrive en retard, il ne l'aide pas, elle fait tout pendant qu'il est accroché à l'écran de son ordinateur, il conduit trop vite, il n'apprécie pas le dîner (« Tu n'as qu'à le faire ! »).

Mais ton père, aussi, lui fait des remarques. Il pense que ta mère s'occupe trop de toi et pas assez de lui, qu'elle n'est pas attentive au stress de sa vie quotidienne, à ses soucis d'argent, qu'elle manque de tendresse pour lui. En fait, ils s'accusent mutuellement de ne pas comprendre l'autre. Ils ne sont pas non plus d'accord en ce qui te concerne : ta deuxième langue au collège ou ta sortie du samedi soir. Ce n'est pas évident pour deux personnes de se mettre d'accord.

Il leur arrive de crier si fort que tu es terrorisé à l'idée qu'ils vont se séparer et que ta vie va changer. Et parfois tu te sens coupable de leurs disputes. Surtout quand ta mère te prend à témoin.

Bienvenue dans la vraie vie des êtres humains ! Nous sommes tous dotés de ces fils électriques nommés nerfs, qui surchauffent de temps en temps. Les disputes sont la scène du théâtre où tes parents aèrent leurs petites difficultés de vivre, leurs antagonismes, leurs sentiments d'injustice. Ils ont parfois besoin de spectateurs. Tu peux être sûr que, loin de tes yeux et de tes oreilles, ils résolvent leurs conflits et ainsi va la vie. Après, quand tout est oxygéné, ils se calment et se retrouvent. L'orage passe avec la nuit. Et au petit déjeuner, il ne se rappellent plus rien.

Ce n'est pas toujours le cas pour toi. Souvent, ça reste.

Mère picsou

J'étais heureux. J'allais sortir ma mère au restaurant comme un adulte. J'avais prévu la somme nécessaire pour un resto pas trop cher. Elle joue le jeu, jusqu'au premier coup d'œil à la carte où elle me dit : « Je n'ai pas très faim ». Et elle commande une salade verte, qui est l'article le moins cher du restaurant. Je suis furieux car elle m'a toujours dit qu'il ne faut pas rejeter des cadeaux et qu'il faut être gracieux ! Qu'elle suive ses propres leçons ! Mais le pire, c'est qu'elle s'est attaquée à mon assiette de frites. « Je te commande des frites, maman ! » Elle hurle que ça coûte la peau des fesses (des frites !). Je lui dis : « Maman, les sous ne serviront à rien quand tu seras morte. » Je lui ai même dit que l'argent, c'est comme la peau, ça se régénère. Elle n'est vraiment pas contente. Elle préfère avoir l'argent que le beurre. C'est la même chose quand je lui offre un cadeau : « C'est une folie ! » Je ne lui demande rien d'autre que d'être contente. Que faire d'une mère pareille ? Ce n'est pas généreux de refuser la générosité des autres.

Pablo

Tu as envie d'un jogging de grande marque, mais ta mère a vu exactement le même pour un quart du prix à l'hypermarché. Elle ne voit pas l'utilité de payer plus cher. Ce qu'elle aime, elle, c'est du bon coton, tissé serré et solide. Tu rêves d'une mère qui te gaverait en faisant la razzia dans une boutique de mode, mais la tienne est une pure adepte du mot « pratique ».

Au cinéma, elle te fait passer pour un enfant de moins de douze ans alors que tu en as quatorze et que tu en parais seize.

Mais les humiliations à propos de l'argent ne s'arrêtent pas là. Elle te commande des « kiddy meal » au fast-food et c'est elle qui mange ton trop de frites. Si tu as la mauvaise idée d'avoir besoin d'un livre pour le cours de français, elle t'implore de le prendre à la bibliothèque.

Et tes culottes ou tes slips doivent perdre leurs élastiques et te tomber aux chevilles pour qu'elle veuille bien les remplacer.

Un jour, dans un élan de complicité, vous vous décidez à faire les courses ensemble. Vous avez déjà oublié la catastrophe de la dernière fois. Le but de l'expédition est d'acheter un ensemble, un haut et un bas. Et toi, tu sais exactement ce que tu veux. Tu l'entraînes dans la boutique chicos où ta meilleure amie a acheté le jean moulant et sexy et le haut décolleté dont tu rêves. Tu enfiles les vêtements et tu sors de la cabine. Ta mère dit : « Jamais de la vie ! »

Il faut la comprendre. Vous ne roulez pas sur l'or. Cet ensemble est certes très beau, mais aussi très cher. Et puis elle t'a toujours acheté une taille au-dessus pour que tu puisses porter tes affaires le plus longtemps possible. Et voilà que tu choisis un jean deux tailles trop petit !

Elle croit encore au confort des vêtements. Elle a l'idée anachronique que tu devrais pouvoir respirer en les portant.

Tu cries devant tout le monde : « Tu es radine ! » Tu as déjà dépassé les bornes, mais là c'est en public. Elle est furieuse et elle a raison : aimerais-tu qu'on te traite d'hypocrite, de méchant, de nul devant autrui – et même en privé, d'ailleurs ? Vous sortez du magasin avec, pour tout paquet, une dose d'amertume.

Au lieu de s'expliquer, elle emploie ses expressions favorites : « L'argent ne pousse pas sur les arbres » et « Il ne faut pas jeter l'argent par les fenêtres. » Ces dictons sont solidement ancrés dans sa tête puisqu'ils ont été transmis de ton arrière-grand-mère à ta grand-mère pour atterrir finalement dans le larynx de ta mère.

Elle aurait envie de te les transmettre à son tour. Elle a été éduquée contre le gaspillage et l'excès. Elle voudrait te léguer sa lucidité en matière financière, car elle sait que tu vas devoir gagner ta vie un jour. Elle veut te préparer à ce futur, même si elle a de quoi t'offrir ce super jean. Elle veut élever un enfant intègre et averti dans une société où l'argent est la valeur dominante.

Pour cela, elle a démarré ta première leçon avec une tirelire en forme de cochon. Tu aimais écouter le tintement des pièces et tu ne les dépensais pas. L'argent était là-dedans, c'était quelque chose de concret, mais aussi de très abstrait. Tu pensais qu'il venait de la machine devant la banque, d'où tu voyais ta mère extraire des billets, comme par magie. Ensuite, elle t'a donné de l'argent de poche pour apprendre à le gérer. Malheureusement, elle n'en a pas augmenté le montant depuis le CP. Tu es tellement désespéré que tu fais du baby-sitting. Elle t'encourage à gagner de l'argent et parle beaucoup de l'éthique du travail. Sa hantise, c'est que tu sois trop gâté. « Il faut travailler pour connaître la valeur de l'argent », répète-t-elle sans cesse.

Elle t'a toujours dit que l'argent n'était pas une valeur en soi, qu'il s'agissait d'un moyen et non d'une fin. Elle t'explique longuement la différence entre un besoin et une envie. Elle a pris un camembert, l'a découpé en te montrant que ce morceau était pour le loyer, celui-là pour la nourriture, cet autre pour les vêtements. Il n'en restait plus beaucoup. Elle t'a démontré le ridicule des pubs qui essaient de te vendre des produits mirobolants. Elle est lucide et elle veut te montrer aussi qu'il y a de la vérité dans la formule « c'est trop beau pour être vrai ». Elle ne veut pas que tu oublies que tu fais partie des privilégiés de cette terre. Tu manges à ta faim, tu as un toit, tu es habillé. Elle souhaite te donner une conscience morale en te faisant penser aux autres, moins fortunés. Elle aimerait que tu adhères à ce beau mot : « solidarité », et que tu apprennes à agir.

Tu te sens quelque peu coupable, après toutes ses leçons, de lui faire dépenser les sous qu'elle a gagnés. Tu as honte parce que, malgré tout, tu veux les mêmes marques que tes copains, tu as envie de pleins de machins et de choses inutiles, tu aimerais avoir des sous pour t'acheter n'importe quoi. Tu ne comprends pas et en même temps tu comprends.

Un jour quand tu gagneras ta vie, tu lui achèteras un cadeau chic de grande marque et tu lui expliqueras que l'argent, c'est pour dépenser, tout comme la vie, c'est pour vivre. L'argent aide à aimer la réalité.

forfait spécial mère

C'est clair au moins ! Ma mère m'a dit : « Ne me dérange pas quand je suis au téléphone, sauf si tu es en train de saigner à mort sur la moquette blanche. » Elle a toute la journée pour parler quand je ne suis pas présente. Elle est capable de parler une heure durant et elle a le culot de m'écrire un mot : « Épluche les pommes de terre. Mets la table. »

Anna

Si tu me téléphones oh! oh! ah! ah!
Fais bien attention oh ! oh ! oh !
Que ce soit pas ma mère qui prenne
la communication.
Il te faudrait lui expliquer qui tu es
Ce que tu fais et depuis combien de temps
on se connaît.

Si tu me téléphones oh! oh! ah! ah!
Prends garde, chéri oh ! oh ! hum! hum!
Si par malheur mon père est là j'aurai bien des ennuis
Car je devrais lui expliquer sur-le-champ tes sentiments
Et la situation de tes parents.

C. Nicolas

Quand ta mère t'ignore, c'est encore plus énervant que l'extrême concentration qu'elle porte, parfois, sur toi lorsqu'elle t'étouffe d'attentions. Tu pourrais mourir étranglé, glisser sur les carreaux, te noyer dans la baignoire ; elle, impassible, continue ses interminables conversations au téléphone avec ses copines, ses sœurs, sa mère ou autres sorcières et méduses. Elle distribue des conseils, recueille des avis, écoute les misères et les problèmes de cœur, raconte sa vie autant de fois qu'il le faut pour satisfaire ses nombreux interlocuteurs. Quand elle est au téléphone, toi, tu ne comptes plus ! Tu dois pourtant lui faire part d'une nouvelle sensationnelle ! Alors, tu poireautes, tu fais des pirouettes autour d'elle, tu t'impatientes au point d'être sur le point d'arracher le fil, sauf que c'est un téléphone sans fil.

Le contenu des scoops diffusés à ses amis te semble creux et sans intérêt. Tu aimerais tellement pouvoir téléphoner à tes copains pour parler de choses véritablement urgentes ! Au point que, souvent, quand c'est toi qui réponds à une de ses amies, tu te retiens de mentir en disant qu'elle n'est pas là.

Elle raccroche enfin. Tu es tellement furieux que tu n'as plus rien à lui dire. Et c'est vrai que c'est énervant qu'elle passe son temps à bavarder avec une tierce personne alors que toi, son seul et unique enfant au monde, tu es là. C'est inexcusable ! Ça te donne le droit de bouder pendant soixante-douze heures au moins.

Mais pourquoi cela t'agace-t-il autant ? Ne peux-tu pas accepter que ta mère ait une vie en dehors de toi ? Ne peut-elle pas vivre sa vie, même en ta présence ? En fait, elle t'a élevé en pensant que tu es le soleil, la lune, les étoiles et les constellations. Alors, tu revendiques l'exclusivité de son attention.

À toi d'arriver à la conclusion suivante : ta mère est une personne ! Laisse-la vivre !

mère pudique

Quand j'avais douze ans, ma mère est entrée dans ma chambre, m'a tendu une boîte de serviettes hygiéniques et un livret en disant : « Lis ça ! » Pour elle, mon éducation sexuelle était ainsi achevée. Plus tard, elle s'est mise à rôder autour de moi avant de pouvoir enfin dire ce qu'elle ne pouvait plus contenir : « Tu veux que je prenne rendez-vous chez le gynécologue ? » Pourquoi le sexe est-il un si grand secret ?

Virginie

Ma mère joue à laisser des préservatifs dans ma chambre, dans mon sac à dos et dans les poches de mes pantalons. Elle pense donc qu'elle est vachement moderne. En fait, ça me met une pression terrible, comme si j'étais nul de ne pas les utiliser. Pauvre maman, pense-t-elle que je passe mes journées à ça ? Où caser cet amour supposé ? Entre les maths et la physique, ou entre le français et l'histoire ? Est-ce qu'on peut remplacer la parole par un geste ?

Olivier

Le sexe est un véritable jardin secret. C'est toute notre intimité. Sur les tableaux d'Adam et Ève, on couvrait leurs parties génitales avec des feuilles de vigne. Aujourd'hui, on fait l'amour derrière des portes fermées. C'est encore plus privé que la vie privée.

Le sexe est un mystère parce que l'on est resté muet sur ce point depuis des siècles. Il est difficile d'en parler, car on n'a pas l'habitude d'aborder ce sujet. On peut parier que ta mère n'en parle pas facilement. On peut parier aussi que sa mère ne lui en a pas parlé non plus. Nous avons tendance à rejouer les mêmes scénarios familiaux que ceux qu'on a vécus. Cela veut-il dire que, toi non plus, tu n'en parleras pas avec tes enfants ? Tu peux décider de briser le cercle vicieux dès maintenant et de prendre les devants. Parles-en à ta mère.

Historiquement, socialement, le sexe n'est pas une question que l'on soulève en public, même si ce « public », c'est toi. Par où commencer ? Faut-il qu'elle aborde le sujet en premier ou qu'elle attende tes interrogations ? Et même si vous en parliez, comment ferait-elle pour surmonter sa pudeur ? La tienne ?

Elle veut que tu connaisses les beautés de l'amour physique, mais elle connaît le danger des rapports non protégés et elle a peur que tu ne prennes pas tes précautions. Sa tête est remplie des possibilités de maladies sexuellement transmissibles, de grossesses prématurées et de cœurs brisés.

Si elle ose aborder le sujet du sexe avec toi, ce sera sans doute sa peur qui prendra la parole et elle en oubliera

la splendeur de l'amour pour te mettre uniquement en garde contre les menaces.

> Elle a aussi l'impression que c'est une connaissance qui ne s'enseigne pas. On ne peut pas apprendre à quelqu'un à marcher, à parler, à respirer. Elle sait que tu vas t'en sortir tout seul, comme les oiseaux et les abeilles. Elle non plus n'a pas eu d'éducation sexuelle… Elle préfère te laisser entre les « mains » de l'environnement : la télé, Internet, les livres, les copains, pour assouvir ta curiosité.

Elle n'a pas complètement tort. Il y a des secrets, des énigmes, des mystères que l'on ne peut que creuser seul et découvrir avec ses propres yeux, sa propre expérience et son propre cœur. On peut donner des cours d'éducation sexuelle, parler des dangers liés à l'acte, mais on ne peut pas enseigner l'amour.

On peut juste te dire que l'amour est le plus grand cadeau fait à l'humanité, mais tu le sais déjà, n'est-ce pas ?

Mère commissaire

Ma mère trouve toujours une petite tare ou deux à mes amis. Untel fume, tel autre a un tatouage sur l'épaule. Ce n'est pas tellement qu'elle me le dit, mais elle se retient si fort que j'entends sa pensée. Discrètement, elle me propose des remplacements en me parlant du fils de sa copine ou d'une voisine qui est la meilleure de la classe.
Est-ce que ma mère doit choisir mes amis ?

Arthur

Ta mère est rassurée quand tu es sous ses yeux en train de faire tes devoirs, de lire au lit, de mettre la table, mais elle peut être légèrement paniquée quand tu es loin d'elle à faire Dieu seul sait quoi. Son devoir de mère est de te garder en sécurité, mais, puisqu'elle est un être raisonnable, elle comprend bien qu'elle ne peut t'enfermer dans ta chambre pour t'éviter tous les dangers du monde environnant.

Elle sait que tu as un grand besoin d'être accepté par tes pairs et d'appartenir à un groupe, et que tu es prêt à sacrifier quelques petites valeurs familiales pour y entrer. Mais elle a peur que tu prennes des risques inconsidérés justement pour t'intégrer dans une bande. Elle craint que tu ne sois mêlé à des activités dangereuses. Elle connaît le pouvoir des mauvaises influences.

Elle entend parler de la drogue, de la violence et des comportements destructifs de certains ados, et elle veut te protéger. Elle a même peur du mot « adolescence », comme si c'était le temps de tous les dangers. Depuis ta naissance, on la met en garde contre cette période diabolique, un purgatoire entre l'enfance et l'âge adulte, une période de questions sans réponses, de déséquilibres hormonaux, d'exil loin de l'enfance douillette, de quête d'indépendance, d'angoisse face à l'avenir, de recherche de son identité. Peut-être faut-il tout simplement lui rappeler que tu n'es pas une bête curieuse, mais un être humain, tout comme elle ? Que tu n'es pas devenu un monstre du jour au lendemain ?

Ta mère a une autre raison de se méfier de tes fréquentations : tu es son enfant et elle te veut pour elle toute seule. Quand elle t'invite au cinéma ou au restaurant et que tu réponds préférer sortir avec des amis, c'est difficile. Peut-être perçoit-elle tes amis comme des concurrents, alors qu'elle aimerait passer du temps avec toi ? Une mère peut être jalouse. Celui qui aime sans jalousie n'aime pas vraiment.

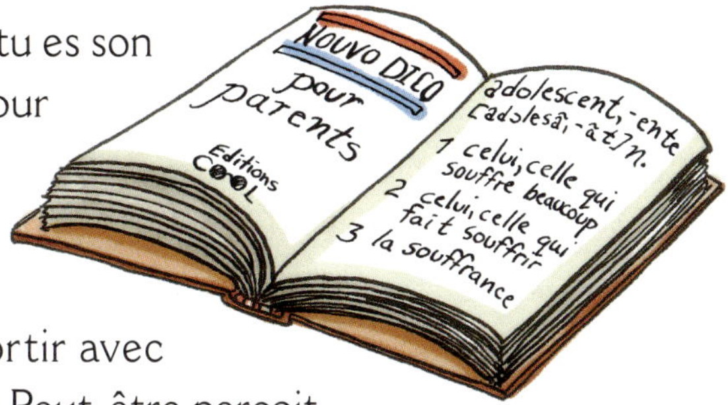

Mais elle sait pertinemment qu'elle ne peut remplacer tes copains. Sa plus grande peur, d'ailleurs, c'est que tu n'en aies pas, que tu sois asocial et marginal, et que tu restes seul dans ton coin. Elle est heureuse que tu aies rencontré des personnes avec lesquelles tu peux partager des choses. Le but de son programme est que tu deviennes un être ouvert. L'amitié, comme l'amour, est le pétrole de l'âme. Ta mère connaît-elle vraiment tes amis ? Connaît-elle leurs parents ? Lui en parles-tu avec enthousiasme ? C'est à toi de les lui présenter comme ils sont, pour lui apprendre à les voir avec tes yeux.

Elle sait que les amis peuvent avoir une influence positive et être une source de richesse, de bonheur et d'épanouissement pour toi.

Une personne sans amis est comme une main gauche sans main droite.

Mère en fête

Ma mère est la première à l'appeler une fête pétainiste et à dénoncer son côté «Travail, famille, patrie», mais gare à moi si je ne lui achète pas un cadeau. Je mets des semaines à trouver une idée et voilà que je lui offre une superbe boîte en plastique qui a le don d'aller du congélateur au micro-ondes et de fermer hermétiquement, et qui a coûté une fortune. Elle prend ce cadeau qui vient du fond de mon cœur et qui est le résultat de beaucoup de recherche et de peine, et elle m'adresse ce regard spécial qui mélange le mépris, la déception et une dépression nerveuse imminente. Puis elle rit... jaune! «Voilà ce que je vaux, dit-elle, une boîte en plastok. Bravo, tu ne m'as pas surestimée!»

Mayah

Je ne sais pas pour vous, mais moi, si j'ai mal, si j'ai un problème, si je suis triste, si je suis heureuse, si j'ai besoin de secours, si je vois quelque chose de splendide, s'il y a une nouvelle épouvantable, si je suis trahie, si je mange un plat succulent, si j'ai une idée, si j'ai une prière sur les lèvres, je ne l'adresse pas à Jésus ou Mohammed ou Bouddha ou Dieu Suprême, ni même à William Shakespeare.

Le seul mot sur mes lèvres c'est «Maman», qui a la même fonction que miam miam.

Béatrice

Depuis la maternelle, tu lui confectionnes des articles qu'elle range scrupuleusement dans sa galerie des horreurs : un coquetier en bois peint à la main, un cadre avec des coquillages, un mobile avec tes chaussettes trouées, un collier de cœurs en pâte à pain, un coffret à bijoux fait avec une boîte à camembert. C'est le grand secret, tu places son cadeau derrière ton dos quand elle vient te chercher à l'école et tu le caches dans ta chambre pour le lui présenter avec fierté le grand jour.

Tu lui apportes le petit déjeuner au lit, tu lui fais un gâteau au yaourt, tu lui récites tendrement le poème, appris avec tant de difficulté, qui raconte qu'il y a des milliers d'étoiles dans le ciel, mais que chacun n'a seulement qu'UNE maman !

Même si elle trouve que cette fête c'est un peu du commerce, au fond, elle est contente qu'on la fête, une fois par an. Mais elle ne veut pas le montrer. Alors, tu râles parce que tu t'es creusé la tête pour lui faire plaisir et qu'elle prend ton offrande timidement. Mais, au fond, toi aussi tu es content de jouer le jeu.

N'empêche que c'est bon de reconnaître son importance et son dévouement. C'est bon de boire à sa santé, de lui consacrer cette journée.

C'est bon de t'autoriser à dire ouvertement, haut et fort : « Je t'aime, maman. »

Les quarante commandements pour une mère

1. Tu aimeras ton enfant.
2. Tu considéreras son enfance et son adolescence comme une aventure.
3. Tu l'aideras à décoder le monde.
4. Tu le défendras.
5. Tu seras sa confidente et son alliée.
6. Tu le guideras sans le contrôler.
7. Tu tiendras tes promesses.
8. Tu t'intéresseras à son monde à lui.
9. Tu passeras du temps avec lui.
10. Tu discuteras, mais tu ne diras pas « Je te l'interdis ».
11. Tu lui diras que c'est bien quand il fera quelque chose de bien.
12. Tu sauras lui imposer des limites.
13. Tu contrôleras ton propre comportement.
14. Tu l'encourageras à parler ouvertement.
15. Tu l'écouteras avec tout ton cœur.
16. Tu éviteras de lui faire la morale.
17. Tu éviteras de lui donner des conseils qu'il ne te demande pas.
18. Tu n'oublieras jamais ta propre adolescence.
19. Tu seras capable de lui dire « J'ai eu tort » et de lui demander pardon.
20. Tu lui demanderas son avis.
21. Tu l'aideras à développer son sens de l'humour.
22. Tu lui donneras progressivement plus d'autonomie.

23. Tu lui apprendras le respect de la vie.
24. Tu le respecteras.
25. Tu seras quelqu'un en qui il a confiance.
26. Tu lui feras confiance.
27. Tu lui parleras de ta vie personnelle et de ton passé.
28. Tu lui parleras comme ça, pour le plaisir, sans rien lui demander.
29. Tu parleras avec ses amis.
30. Tu discuteras de sexe et de violence avec lui.
31. Tu croiras en lui.
32. Tu resteras détendue quand il te dira quelque chose que tu ne veux pas entendre.

33. Tu lui apprendras à avoir de la compassion et à être juste.
34. Tu l'embrasseras souvent.
35. Tu lui diras « Je t'aime » et « Je suis fière de toi ».
36. Tu ne le rabaisseras jamais devant ses amis.
37. Tu lui permettras de prendre des décisions quand ce sera possible.
38. Tu n'oublieras jamais que tu es en train « d'arroser » un être humain.
39. Tu essaieras de savoir s'il veut que tu interviennes ou s'il veut seulement que tu l'écoutes.
40. Tu n'oublieras pas qu'il deviendra l'être exceptionnel que tu sais qu'il est.

Les six commandements de Januscz Korscak

Korscak, médecin pédiatre, éducateur et écrivain, est un héros. Pendant la Seconde Guerre mondiale, il dirigeait un orphelinat pour enfants juifs à Varsovie. On aurait pu lui sauver la vie, mais il refusa d'abandonner les enfants du ghetto dont il s'occupait et préféra mourir avec eux. Il explique ses idées dans *Comment aimer votre enfant* :

Ne lisez pas les chiffres.
Ne lisez pas les principes répandus.
Regardez votre enfant.
Sentez ses besoins.
Comprenez ce qu'il aime et adaptez-vous à lui.
Ne demandez pas à votre enfant de s'adapter à vous, encore moins à ce que vous lui avez appris.

Et toi, quels seraient tes dix commandements ?

Quelques exemples :

Ne m'interroge pas trop, sois discrètement attentive.

N'attends pas de moi que je sois un génie.

Ne me fais pas de reproches pour dix mille détails.

Sache que c'est ma vie, pas la tienne.

Sois souple.

Essaie de dire de temps en temps : je m'excuse, j'ai eu tort.

Ne m'étouffe pas de tes craintes, tes doutes, tes inquiétudes.

Aie confiance en moi.

Sache que je t'aime même quand je suis de mauvaise humeur.

Souviens-toi de la chance que tu as de m'avoir (et moi de t'avoir !).

. . . .

. . . .

. . . .

. . . .

. . . .

. . . .

. . . .

. . . .

. . . .

. . . .

Mèreci

Je ne peux pas m'empêcher de penser qu'au lieu de me poser des questions auxquelles je ne peux pas répondre, ma mère ferait mieux d'agir pour moi.
Elle n'aime pas écrire des lettres officielles, car elle fait des fautes d'orthographe.
Elle ne fait pas les démarches administratives.
Elle ne m'accompagne pas chez le médecin.
Elle se cache derrière son idée fausse que les enfants devraient se débrouiller.
Elle, une mère.

Elle ne sait pas me consoler quand je suis angoissée.
Elle ne comprend pas mon sourire quand je suis heureuse.
Elle ne devine pas quand je suis amoureuse.
Elle ne m'aide pas quand mes amis me laissent tomber.
Elle, ma mère.

Mais... elle m'a enfantée, nourrie, aimée.
Elle a séché mes larmes et surpris mon sourire.
Elle cherche mon bonheur ou du moins me laisse en trouver des étincelles quand j'en suis capable.
Elle, maman.

Elle est fière de mes bons résultats et n'hésite pas à les proclamer, ce qui a le don de me mettre en rage. Elle me reproche tout ce que je rate comme si un être humain pouvait être parfait.

Cet être humain, moi, une pauvre lycéenne en terminale, a beaucoup de mal à être heureuse, à sourire, à s'amuser, à vivre tout simplement.

Cet être humain, moi, adolescente de dix-sept ans, reçoit trop de messages compliqués du monde extérieur et a du mal à les décoder. Faut-il vivre à l'intérieur de soi-même ou accepter d'ouvrir les yeux, d'éclater au risque de se perdre ?

Elle, une mère, ma mère, maman, peut-elle seulement me répondre ?
N'est-elle pas faite pour ça : résoudre mes problèmes, répondre à mes questions, m'apaiser ?

Non. Je suis responsable. Je suis GRANDE. Je dois me débrouiller, emprunter seule le chemin sinueux de MA vie. Comme toujours, elle a raison de me laisser chercher, de m'abandonner dans la brume, dans l'incertitude, dans le doute. Et je l'aime. Une autre mère saurait me coudre de belles robes, une autre mère m'achèterait une télé, une chaîne hi-fi, une autre mère pourrait être soigneuse, mais aucune ne saurait m'aimer, moi, avec tous mes énormes défauts, et recevoir un amour aussi fort, aussi égoïste que le mien.

Et maintenant que va-t-il arriver, que va-t-il nous arriver à toutes les deux ? Rien ou presque. Le bac, au moins ! Et puis nous continuerons à nous quereller, à nous affronter tout en sachant que nous nous aimons.

Elle continuera à ne pas totalement me comprendre, me saisir, me percer à jour, et je continuerai à prendre des petites choses sans importance au tragique, à garder au fond de moi une sourde rancœur amère, à oublier parfois qu'elle aussi existe, souffre et aime.

Mais de temps en temps, nous nous regarderons avec au fond des yeux une lueur complice, et nous saurons.

Aliyah Morgenstern,
Terminale, tout le monde descend

Qu'attend ta mère de toi ? Quelle est la pire chose que ta mère t'ait jamais dite ?
Quels conseils te donne-t-elle ?
Quelle est la meilleure chose que ta mère t'ait dite ?
Que voudrais-tu que ta mère fasse différemment ?

Toutes les mères ont été, à un moment ou à un autre, de mauvaises mères. Elles font du bien d'un côté et du mal de l'autre. D'ailleurs, une mère n'a jamais entièrement raison – ni tout à fait tort. Il y a des exemples de mères méchantes dans la littérature. Il y a des mères qui oublient l'anniversaire de leurs enfants, qui ne les nourrissent pas, qui les délaissent.

C'est quoi, une « mauvaise mère » ?
Celle qui attend de toi la perfection ?
Celle qui réagit avec colère ?
Celle qui te punit constamment ?
Celle qui te dévalorise souvent ?

Les mères peuvent à un moment ou à un autre être plus ou moins « mauvaises mères ». Mais les mères qui sont vraiment méchantes, celles qui maltraitent leur enfant, il faudrait s'en détacher, s'autoriser à ne pas les aimer.

En revanche, une mère « suffisamment bonne », comme le dit Winnicott, tu ne l'échangeras pas, tu ne la troqueras pour rien au monde, n'est-ce pas ?

C'est quoi une « bonne mère » ?
Celle que tu as !

Quels que soient son niveau d'efficacité, son pouvoir de t'énerver, sa capacité de t'aimer et ta capacité, à toi, de l'aimer, c'est la seule que tu as et la seule que tu auras.

Elle t'a donné le cadeau le plus époustouflant qui puisse être. Elle t'a donné la vie !

Connectez-vous sur : www.lamartiniere.fr

Conception graphique et réalisation : Elisabeth Ferté

ISBN : 2-7324-3396-9
Conforme à la loi n°49-956 du 16 juillet 1949
sur les publications destinées à la jeunesse
Dépôt légal : Mai 2006
Imprimé en France par Pollina - n° L40231